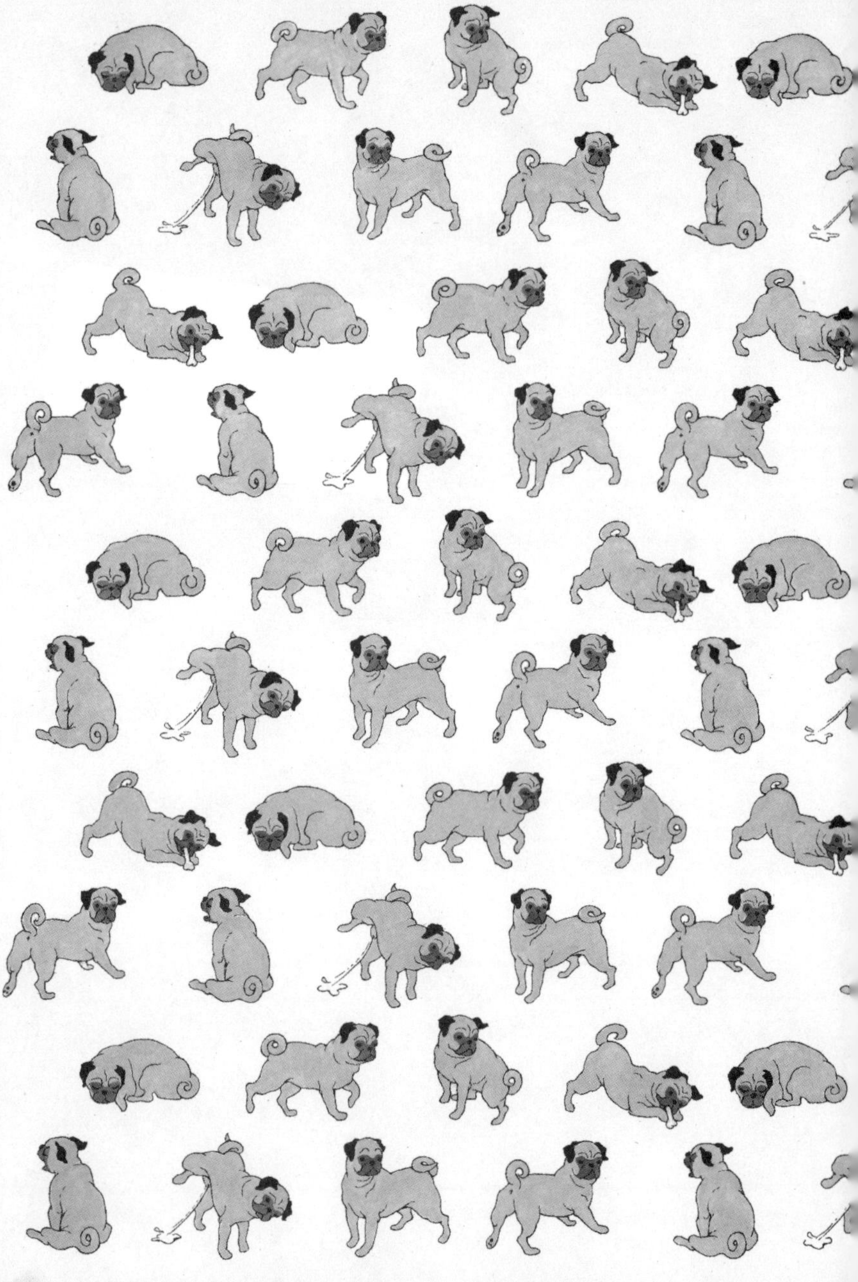

Schon als kleines Mädchen liebte die Illustratorin Ursula Kolarz Hunde – besonders Möpse. Und so sah sie aus, als sie selber das ABC lernen mußte. (Allerdings noch nicht so lustig mit Mopsversen wie in diesem Spielbuch.) Heute lebt Ursula Kolarz als Grafikerin und Autorin von Fernsehspielen und Kinderbüchern in Hamburg. Sie liebt LITTLE NEMO, Pfauenfedern, englische Möpse und türkischen Kaffee. Für rotfuchs illustrierte sie den Band 657 «Mutz macht Mätzchen» von Ursula Haucke und entwarf Umschläge für die rotfuchs-Reihe.

Ursula Kolarz

Das Mops-ABC

Verse zum Spielen und Lernen

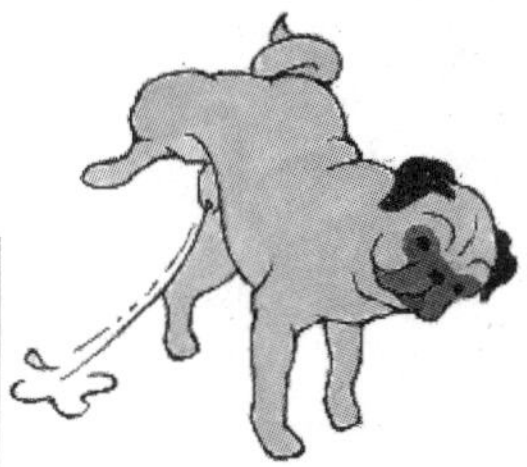

Rowohlt

rororo rotfuchs
Herausgegeben von Ute Blaich und Renate Boldt

Komplette Neufassung unter Verwendung von nur
26 Illustrationen der 1992 im Gerstenberg Verlag
erschienenen Hard-cover-Ausgabe

Veröffentlicht im Rowohlt Taschenbuch
Verlag GmbH, Reinbek bei Hamburg, Juli 1994

Redaktion Ute Blaich
Umschlagillustration Ursula Kolarz
Umschlaggestaltung Nina Rothfos
rotfuchs-comic Jan P. Schniebel

Satz Sabon PostScript, QuarkXPress 3.2
Belichtung Cleeves Reprotechnik, Hamburg
Gesamtherstellung Clausen & Bosse, Leck
Printed in Germany
790-ISBN 3 499 20691 9

Der Lesemops ist gut gelaunt,
schnappt sich die Zeichen, und er staunt.

Was kann man bloß mit diesen Sachen
für tolle Zauberstücke machen?

Aus M und P und S und O
macht man ein Wort. Und das geht so:

M O P S

Frißt man das M, so bleibt nur ops.
Mit K und l heißt es dann Klops.

Tauscht man ein D, so wird aus Durst
mit einem W die beste Wurst.

Mops ist vergnügt und hopst im Klee:
So lern ich gern mein ABC!

A a

Ananas

Gans

Engel

Adler

Birne

Apfel

Hexe

Tomate

Amsel

Anker

Möpschen fischt aus diesem Wortsalat alle Wörter heraus, die mit **A** anfangen. Willst du ihm helfen?

Das Möpschen staunt auf allen vieren:
Der **Apfel** wimmelt ja von Tieren!

B b

Bürste

Biene

Banane

Apfel

Baum

Igel

Tulpe

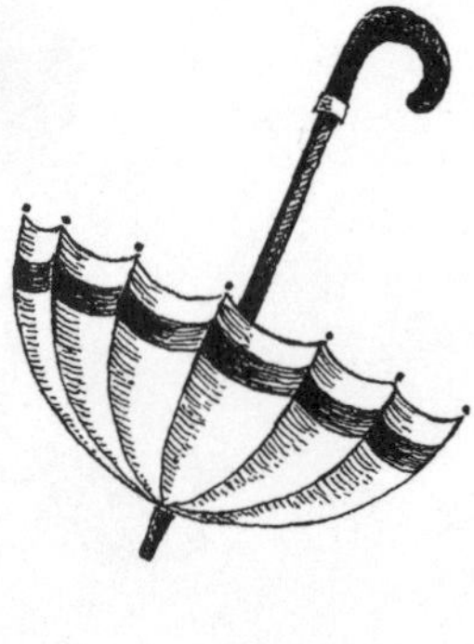

Bär

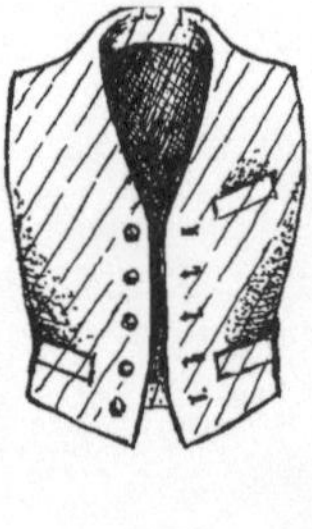

Turm

Mops

Möpschen fischt aus diesem Wortsalat alle Wörter heraus, die mit **B** anfangen. Willst du ihm helfen?

Bill will das Fell gern glänzend bürsten.
Der gute Mops träumt mehr von Würsten.

C c

Cent

Esel

Tinte

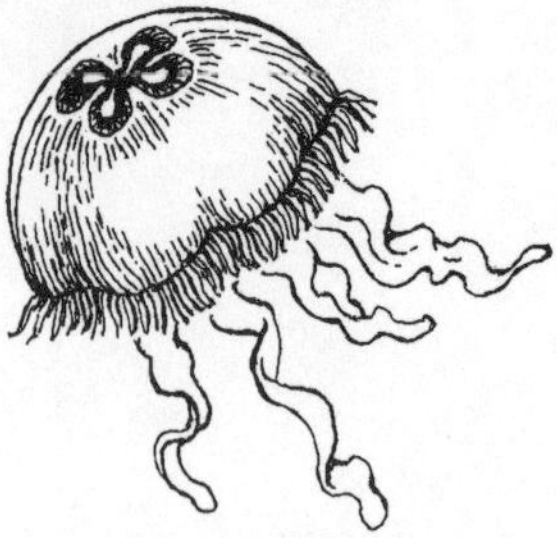

Puppe

Krone

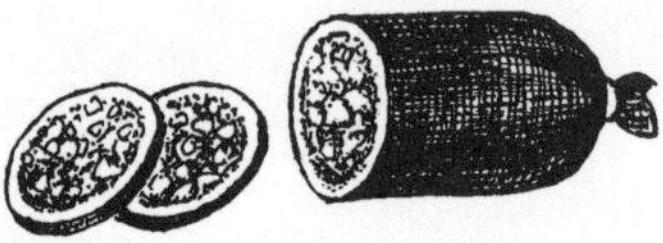

Baum

Banane

Cypern

Cervelatwurst

Dachs

Möpschen fischt aus diesem Wortsalat alle Wörter heraus, die mit **C** anfangen. Willst du ihm helfen?

Viel **Celsius** läßt Möpschen schwitzen.
Wie soll er da verkleidet sitzen?

D d

Affe

D-Zug

Dino

Tasse

3

Besenstiel

Dollar

Gurke

Banane

Bürste

Flöte

Möpschen fischt aus diesem Wortsalat alle Wörter heraus, die mit **D** anfangen. Willst du ihm helfen?

Die beiden Schnüffler sind erstaunt:
Der **Dackel** hier ist schlecht gelaunt.

E e

Elfe

Erbse

Hose

Firlefanz

Hut

Apfel

Käse

Mantel

Jo-Jo

Elefant

Möpschen fischt aus diesem Wortsalat alle Wörter heraus, die mit E anfangen. Willst du ihm helfen?

Zwei **Engel** schweben durch die Nacht.
Sankt Nikolaus hat viel gebracht.

Mops

F f

Fliege

Fußball

Frosch

Puppe

Geld

Maus

Hexe

Feder

Katze

Möpschen fischt aus diesem Wortsalat alle Wörter heraus, die mit **F** anfangen. Willst du ihm helfen?

Die Hündchen wedeln mit dem Schwanz.
Ihr bester **Freund** macht **Firlefanz**.

G g

Affe

Gurke

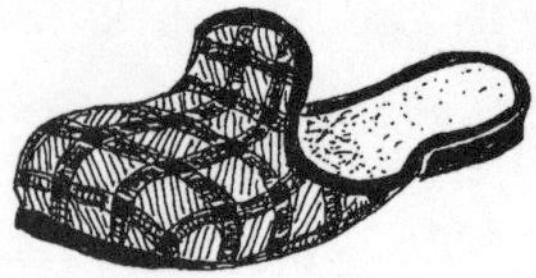

Esel

Rollschuh

Dogge

Baum

Feder

Gummibärchen

Katze

Geige

Möpschen fischt aus diesem Wortsalat alle Wörter heraus,
die mit **G** anfangen. Willst du ihm helfen?

Vier **Gössel** mit der Mama **Gans**
probieren hier den Watscheltanz.

H h

Henne

Fliege

Hand

Tasse

Hund

Lampe

Hexe

Käse

Hose

Trompete

100

Hase

Möpschen fischt aus diesem Wortsalat alle Wörter heraus, die mit **H** anfangen. Willst du ihm helfen?

Und keift die **Hexe** noch soviel,
wir pinkeln an den Besenstiel.

I i

Irrgarten

Insekt

Iltis

Nagel

Hose

Käse

Instrument

Regenschirm

Banane

Indianer

Möpschen fischt aus diesem Wortsalat alle Wörter heraus, die mit **I** anfangen. Willst du ihm helfen?

Ein **Igel** trägt stets Stachelweste.
Den Mops hier kneifen spitze Reste.

J j

Yoghurt

Jacke

Käse

Makkaroni

Jazztrompete

Jo-Jo

Hexe

Geld

Insel

Juli

Möpschen fischt aus diesem Wortsalat alle Wörter heraus, die mit **J** anfangen. Willst du ihm helfen?

Juckpulver juckt. Man braucht die Pfoten.
Der blöde **Jux** gehört verboten.

K k

Krähe

Käse

Nagel

Amsel

Kanne

Mantel

Kasper

Küken

Lämmchen

Banane

Möpschen fischt aus diesem Wortsalat alle Wörter heraus, die mit **K** anfangen. Willst du ihm helfen?

Der **Kaiser** Mops trägt heute **Krone**
und lächelt huldvoll nett vom Throne.

L 1

Lakritze

Bürste

Rollschuh

Amsel

Nuß

Lippen

Lampe

Esel

Lokomotive

Lilie

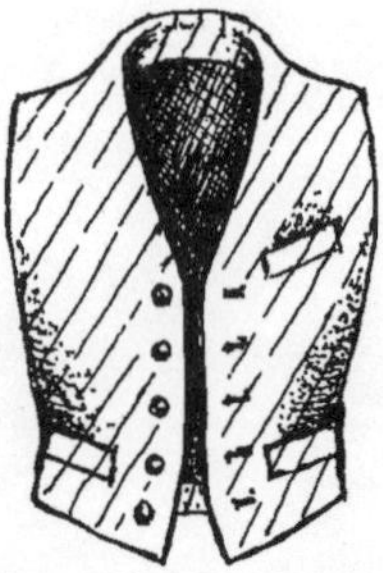

Möpschen fischt aus diesem Wortsalat alle Wörter heraus, die mit L anfangen. Willst du ihm helfen?

Was macht der Bill? Na, so ein Töffel!
Die Möpse brauchen niemals **Löffel.**

M m

Marmelade

Jacke

Hexe

Mantel

Lokomotive

Birne

Makkaroni

Maus

Mandoline

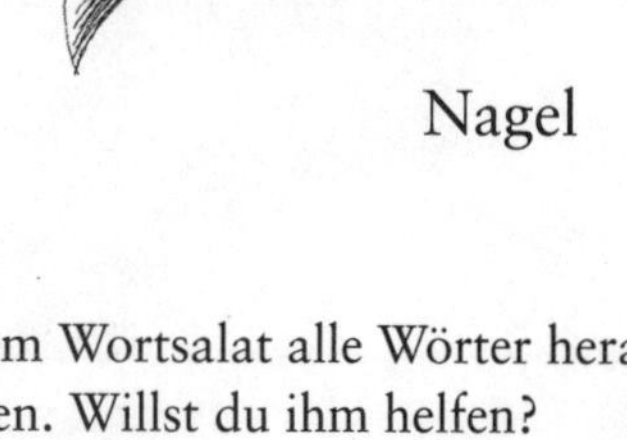

Nagel

Möpschen fischt aus diesem Wortsalat alle Wörter heraus, die mit **M** anfangen. Willst du ihm helfen?

Die **Möpse** möchten Kuchen mampfen.
Die **Mäuse** müssen schnell verdampfen.

N n

Nagel

9

Hase

Nuß

Rose

Nase

Nelke

Esel

Kasper

Lilie

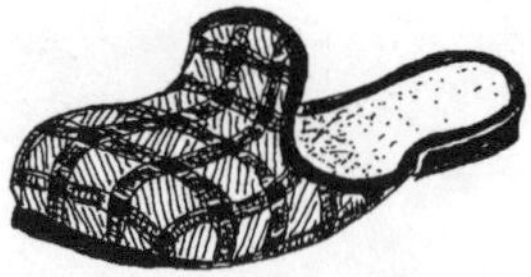

Nikolaus

Möpschen fischt aus diesem Wortsalat alle Wörter heraus, die mit **N** anfangen. Willst du ihm helfen?

Statt die **Nüsse** schnell zu knacken,
kugelt Mops auf Steiß und **Nacken**.

O o

Orgel

Apfel

Lamm

Rollschuh

Osterei

Ohr

Tasse

Ochse

Sofa

Opa

Möpschen fischt aus diesem Wortsalat alle Wörter heraus,
die mit **O** anfangen. Willst du ihm helfen?

Zu **Ostern** trifft man auf dem Rasen
nicht selten falsche **Osterhasen**.

P p

Palme

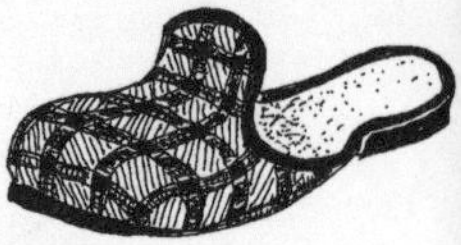

Nase

Paket

Paris

Pilz

Hose

Pantoffel

Quirl

Rose

Kasper

Möpschen fischt aus diesem Wortsalat alle Wörter heraus, die mit **P** anfangen. Willst du ihm helfen?

Hier zerfetzen freche Stoffel
Papas besten Festpantoffel.

Q q

Quelle

Indianer

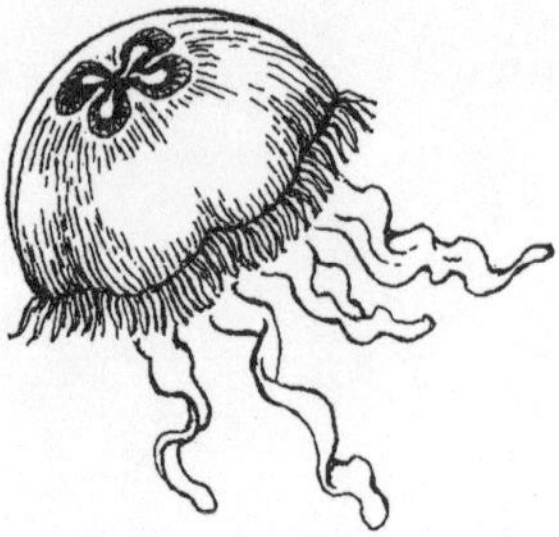

Opa

Quark

Semmel

Qualle

Jacke

Quaddel

Rad

Quadrat

Möpschen fischt aus diesem Wortsalat alle Wörter heraus, die mit **Q** anfangen. Willst du ihm helfen?

Und ist der Knabe noch so quick,
der **Qualm** bleibt blau, der **Qualm** bleibt dick.

R r

Opa

Rad

Pantoffel

Rührei

Radau

Tomate

Pilz

Regenschirm

Uhr

Ratte

Möpschen fischt aus diesem Wortsalat alle Wörter heraus,
die mit **R** anfangen. Willst du ihm helfen?

Der **Rollschuh** rollt, das Möpschen rennt.
Wer **rotfuchs** liest, ist nicht verpennt.

S s

Semmel

Sofa

6

Pantoffel

Ohr

Rollschuh

Socken

Kiste

Lampe

Sack

Seil

Möpschen fischt aus diesem Wortsalat alle Wörter heraus,
die mit **S** anfangen. Willst du ihm helfen?

Im **Sofa** läßt sich zärtlich schmusen,
der Mops spielt mit den Federflusen.

T t

Tapete

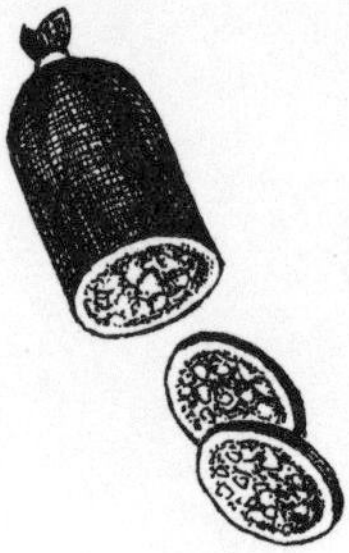

Teller

Hase

Leiter

Pantoffel

Telefon

1000

Osterei

Teppich

Mantel

Tasse

Möpschen fischt aus diesem Wortsalat alle Wörter heraus, die mit T anfangen. Willst du ihm helfen?

Die **Tinte** fließt, das Möpschen flieht,
als es die schwarzen **Tapser** sieht.

U u

Urlaub

Fliege

Umschlag

Paket

Osterei

Sack

Uhr

Tomate

Ulme

Ulk

Möpschen fischt aus diesem Wortsalat alle Wörter heraus,
die mit **U** anfangen. Willst du ihm helfen?

Die **Uhr** schlägt elf. Wer rahmt sie ein?
Zwei weiße Möpschen, ganz aus Stein.

V v

Veilchen

4

Maus

Apfel

Vorfahrt

Volkswagen

Vogel

Vielfraß

Elefant

Esel

Katze

Möpschen fischt aus diesem Wortsalat alle Wörter heraus,
die mit **V** anfangen. Willst du ihm helfen?

Ja, **Vögel** können nun mal fliegen.
Und Möpse können sie nicht kriegen.

W w

Dino

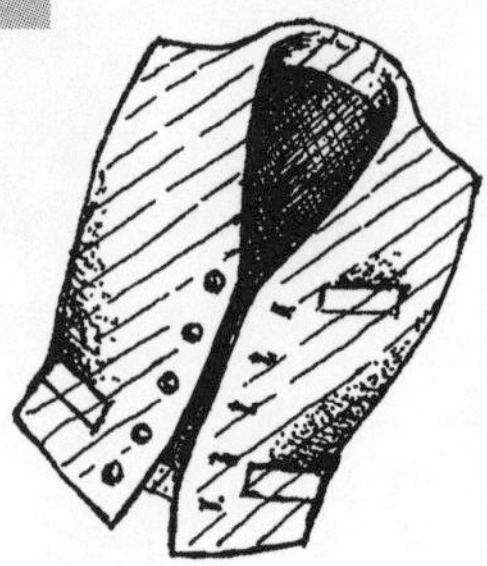

Tapete

Wasser

Osterei

Wolf

Paket

Wanne

Weste

Willi

Indianer

Möpschen fischt aus diesem Wortsalat alle Wörter heraus, die mit **W** anfangen. Willst du ihm helfen?

Die Kätzchen spielen gern mit **Wollen.**
Das Mops ist wütend und will schmollen.

X x

Pantoffel

Xaver

Katze

Xylophon

Xanten

Uhr

X-Beine

Xerxes

Birne

Ochse

Möpschen fischt aus diesem Wortsalat alle Wörter heraus, die mit **X** anfangen. Willst du ihm helfen?

Der Mops singt laut im falschen Ton
zur Melodie vom **Xylophon.**

Y y

Yacht

Yankee

Yoghurt

Yellowstone-
Nationalpark

Pute

Nase

Koffer

Zuckertüte

Tomate

Yokohama

Möpschen fischt aus diesem Wortsalat alle Wörter heraus, die mit **Y** anfangen. Willst du ihm helfen?

Ypsilon aus **Yokohama**
heißt die Miez im Festpyjama.

Z z

Zelt

Zipfelmütze

10

Zebra

Telefon

Apfel

Huhn

Hase

Zaun

Esel

Rose

Möpschen fischt aus diesem Wortsalat alle Wörter heraus, die mit **Z** anfangen. Willst du ihm helfen?

Auf der Nase den **Zylinder**
fühlt sich Mops nicht wohl als Blinder.

Buchstabendetektiv

Für Waschmaschinen, Autos, Bügeleisen, Staubsauger und andere wichtige Gegenstände braucht man eine Gebrauchsanweisung.
Und für Bücher? Braucht man eigentlich nur die Lust aufs Lesen.
Stop, nein: Für dieses Buchstabenbuch braucht ihr doch eine kleine Gebrauchsanweisung.

Also, ihr wißt ja: das ABC hat 26 Buchstaben. Auf jeder Seite, die zu einem Buchstaben gehört, findet ihr nun Wörter und Wörterbilder. Ihr sollt jetzt als Buchstabendetektive rauskriegen, welche Wörter und welche Bilder zu diesem Buchstaben passen. Das heißt: Fangen sie auch wirklich mit diesem Buchstaben an?

Beispiel Buchstabe **A**:
5 Bilder: Zebra, Ohr, Pantoffel, Maus und Apfel. Nur **ein** Wortbild fängt wirklich mit **A** an. Na welches?
Klar: **A**pfel. Dieses Bild kannst du mit deinem Detektivstift knallrot umrahmen. Das heißt soviel wie gefunden, stimmt!

Und dann gibt es die geschriebenen Wörter. Auch da fangen einige mit **A** an:

Anker, **A**dler, **A**msel, **A**nanas, die Zahl **A**cht.

Du sortierst wieder ganz genau. Denn Detektive müssen genau sein. Umrahmst knallrot, was mit **A** anfängt. Die anderen Wörter passen nicht unter deine Lupe.

(Und wenn du nicht ganz sicher bist, sprichst du ganz laut und ganz deutlich die Wörter und Wörterbilder vor dich hin!)

Seite für Seite hat Uschi Kolarz dieses Buchstabendetektivspiel gezeichnet. Sie ist nicht nur eine sehr gute Zeichnerin, sie kennt sich auch prima mit Möpsen aus, war jahrelang mit dem Mops Kasper befreundet. Für ihre schönen Bilder hat er brav Modell gestanden.

Also: viel Spaß bei deiner Detektivarbeit!

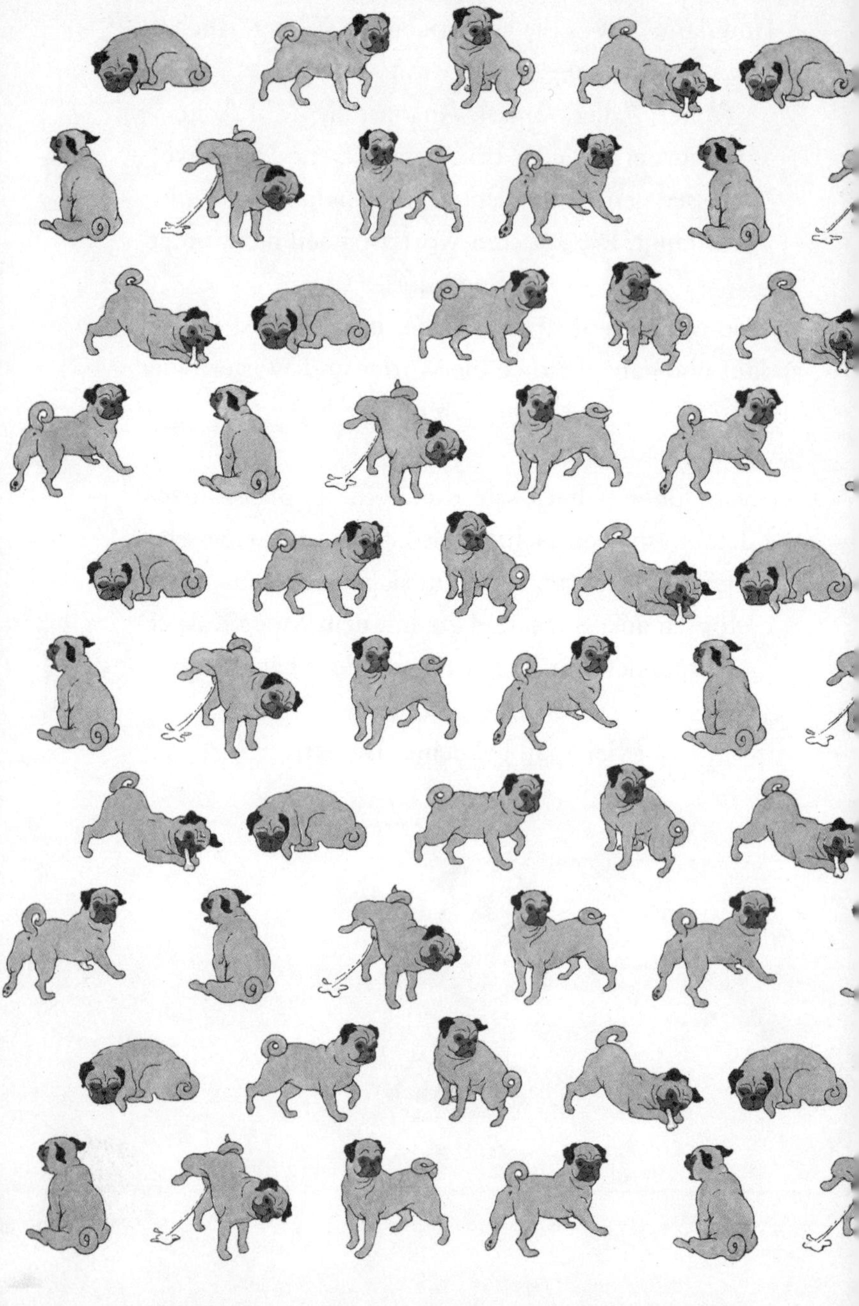

Gert Haucke

Gert Haucke, in Berlin geboren, arbeitete als Schauspieler, Liedersänger und Rundfunksprecher, bevor er für Film und Fernsehen entdeckt wurde. Seine bekannteste Hörfunkrolle: «Papa, Charly hat gesagt». Gert Haucke schreibt Artikel, Features, Kurzgeschichten und Bücher, liebt Tiere aller Gattungen, besonders Hunde. Er haßt Rasenmäher, Stierkämpfe, Freizeitjäger und Tiefflieger; er liebt Schokoladeneis, Badeseen, Nachtspaziergänge und Möpse. Mit Bulldogge Otto und Bostonterrier Willi lebt er in der Lüneburger Heide.

Mops und Moritz *Mopsiaden oder Eine dicke Freundschaft*
Illustrationen von Klaus Ensikat.
(rotfuchs Band 674/ab 8 Jahre)
Moritz bettelt und belemmert Mama so lange, bis man ihm seinen einzigen wahren, dringlichsten Wunsch auf der Welt erfüllt: Er bekommt einen Mops. Vom ersten Tag an passieren die verrücktesten Geschichten, in denen wir alles erfahren: über Herrn Hüpferlitsch, den dicken Ortwin, warum die Ormanschicks im Motorrad rumknattern, Frau Oplowitz mangelnden Ehrgeiz feststellt und Moritz eine Mops-Party gibt.

rororo rotfuchs

Hörcassetten von DGG Junior:
Gert Haucke erzählt «Mops und Moritz»
(DGG Junior 439801-4)
Nachdem Rias und NDR «Mops und Moritz» bereits gesendet haben, hat die deutsche Grammophon nun 3 Hörcassetten im Geschenkschuber herausgebracht.
Mit dem ihm eigenen trockenen Humor und einer fast kindlichen Atemlosigkeit liest Gert Haucke die hinreißenden Episoden seines Buches: erzkomisch, spannend, verrückt und voller Charme.

JUNIOR